$\frac{51}{L6}$ 426.

LETTRE

DU

DOCTEUR DESERIN

A

UN DÉPUTÉ DE SES AMIS,

SUR LE PROJET
DE LOI ÉLECTORALE.

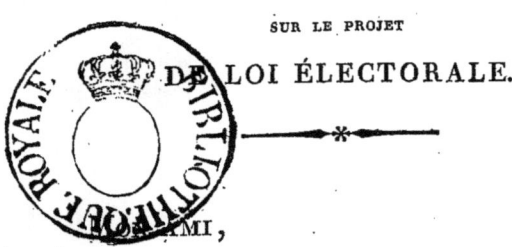

MI,

L'accueil flatteur que tu as fait aux lettres que je t'adressai, dans le tems, sur les lois municipale et départementale, me donne l'espoir que tu liras avec le même intérêt et avec la même bienveillance mes observations sur le projet de loi électorale qui vient d'être présenté à la chambre des députés par M. le ministre de l'intérieur.

Cette loi si vivement demandée par les hommes du parti républicain, était patiemment attendue par tous les citoyens sages et éclairés : ces derniers appréciant mieux notre position que les autres, pensaient que le premier besoin du pays était de pourvoir à sa défense ; aussi ont-ils vu avec plaisir précéder la présentation du projet de loi sur l'organisation de la garde nationale, et celui sur l'organisation municipale de la loi électorale dont l'ajournement à quelques mois n'eût porté aucun préjudice à l'état ; tandis que tout délai apporté à la discus-

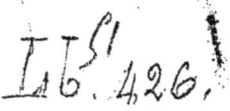

sion des deux autres lois peut être très-contraire aux intérêts du pays.

Dans nos campagnes, tous nos habitans ont suspendu leurs préparatifs d'habillement et d'équipement, dans la crainte que la nouvelle loi qu'on discute, n'apportât quelques changemens à l'un où à l'autre; aussi l'organisation de notre garde nationale n'y est-elle pas plus avancée qu'il y a trois mois : il est donc urgent d'activer la discussion de cette loi.

La loi municipale n'est pas moins utile, et chaque jour en démontre l'impérieuse nécessité, par les conflits qui s'élèvent dans beaucoup de communes entre l'autorité civile et l'autorité militaire; conflits qui le plus souvent viennent de ce que ces autorités ne reconnaissent pas la même origine et ne sortent point de la même source; il est donc nécessaire, pour les faire cesser, que les habitans nomment promptement l'une et l'autre. Si cette loi n'est pas publiée en même tems que celle sur la garde nationale, cette garde éprouvera une foule d'entraves dans son organisation qui naîtront de l'autorité civile, soit en lui refusant les sommes nécessaires à ses besoins, soit en paralysant son action de toute autre manière; cependant la guerre est imminente, nos moyens de défense ou d'attaque doivent être promptement préparés : pour atteindre ce but, il est indispensable qu'il y ait accord parfait entre les autorités de chaque commune.

Les changemens opérés par MM. les préfets dans l'organisation municipale de quelques communes, n'ont pas fait cesser tous les abus, ils ont même donné naissance à d'autres ; le gouvernement qui connait cet état fâcheux se hâtera, je n'en doute pas, pour l'arrêter de provoquer, dans les chambres, la discussion de ces deux lois importantes.

Je vais maintenant m'occuper de la loi électorale.

Cette loi, comme toutes celles faites sous des influences impérieuses, se ressent de son origine ; présentée à la suite des évènemens de la fin de décembre et sous l'influence d'une prétendue opinion publique dirigée par la presse périodique, le gouvernement a cherché à la satisfaire en étendant outre mesure les bâses de l'électorat et de l'éligibilité ; mais prévoyant en même tems les dangers qui pourraient en résulter pour l'ordre social, il a essayé de les diminuer par de nouvelles combinaisons qu'il a introduites dans la loi : combinaisons qui ont déjà été combattues avec avantage par la presse périodique et qui doivent, en effet, être rejetées de la loi comme devant avoir de graves inconvéniens.

Quoique d'après la législation de 1817 la moyenne propriété dominât déjà, et qu'il fut démontré pour tous les hommes paisibles et éclairés qu'elle était suffisament représentée comparativement à la grande propriété. Cependant tous les bons esprits sentaient la nécessité qu'une autre classe de citoyens recommandables par les services rendus au pays, ou leurs lumières, et qui présentaient à la société des garanties aussi fortes que celles des propriétaires y fût introduite ; aussi a-t-on généralement vu avec plaisir dans celle présentée par le ministre de l'intérieur, que la propriété, les lumières et les services rendus au pays étaient les capacités reconnues pour en faire partie.

Le nombre des électeurs était autrefois de 85 à 90 mille pour toute la France, il sera, dit-on, d'après la nouvelle loi de 225,000 : ce nombre selon moi est beaucoup trop considérable; on va tomber dans un excès opposé à celui où on était tombé lorsqu'on a établi le double vote : alors on avait injustement favorisé la grande propriété pour nous conduire au despotisme. Aujourd'hui sous prétexte de protéger la petite on veut nous mener à l'anarchie. Qu'arrivera-t-il, en effet, si la loi passe telle qu'elle a été présentée à la chambre des députés, que la grande propriété n'y sera plus représentée, parce que la redoutant, les électeurs se réuniront pour l'en exclure. Les dernières élections et surtout les réélections ne prouvent-elles pas que sans l'addition de nouveaux électeurs, elle a eu à peine quelques représentans; cependant il est de l'essence du gouvernement représentatif que dans une chambre élective toutes les opinions et tous les intérêts y soient représentés, chacun, au moins, en raison de leur quantité numérique; si la grande propriété n'y a pas de représentans qui y défendra ses droits? le gouvernement l'a bien senti, voilà pourquoi il a introduit des combinaisons dans la loi à son avantage. J'ai émis plus haut mon opinion sur ces combinaisons.

On a prétendu que si on restreignait le cens de l'électorat, on établirait parmi nous une espèce de privilège que j'appelle honneur, et qu'il n'y aurait que le riche qui serait électeur ; si le cens était trop restreint, le reproche serait fondé ; mais ne peut-on pas l'établir sur une bâse assez large pour satisfaire les besoins réels du pays, et permettre à toutes les opinions et à tous les intérêts d'être représentés ? D'ailleurs, un semblable privilège serait-il mauvais et devrait-il être exclu de notre gouvernement ? Je ne le pense pas ; je suis au contraire d'avis que nous devons l'y faire prendre racine ; il doit appartenir au gouvernement représentatif, puis qu'il est honorable et moral.

Tous les gouvernemens, quelle que soit leur forme, ont senti la nécessité d'établir des honneurs et des dignités pour récompenser le mérite, les talens, les vertus et le courage des citoyens qui avaient rendu des services importans à l'état, et exciter l'émulation de tous.

Le gouvernement absolu avait sa noblesse héréditaire qui jouissait autrefois de prérogatives que l'ancienne charte lui avait ôtées : elle lui avait seulement conservé ses titres. Les prérogatives ont été réservées aux électeurs ; eux seuls avaient des droits politiques, ils concouraient à la nomination de leurs députés, ils pouvaient même être nommés. Qu'est-il arrivé alors ? que tous les membres de l'ancienne noblesse ont voulu être électeurs, et beaucoup se sont ruinés pour acquérir des propriétés à un haut prix afin de le devenir.

Un privilège héréditaire aussi étendu ne peut convenir à nos mœurs, ni à notre gouvernement représentatif ; ce serait un contre sens politique ; mais celui que créerait l'électorat est bien différent : tout le monde pourra l'acquérir et en jouir; il sera la récompense du travail, du talent, de l'industrie, de la sobriété et en général de toutes les vertus qui honorent l'homme : tant que celui-ci sera vertueux, il le conservera; s'il devient débauché, paresseux, il le perdra.

J'ai donc eu raison de dire qu'un semblable privilége est aussi moral qu'honorable et qu'il doit appartenir au gouvernement représentatif : si chacun avait le droit d'y entrer il ne flatterait plus personne, et comme l'homme, en général, n'attache d'importance aux choses que parce qu'elles lui coûtent, il est nécessaire que le cens électoral ne soit pas trop bas pour exciter son émulation et procurer une jouissance réelle à celui qui ambitionnerait ce titre.

Je crois avoir démontré que si on adoptait la base proposée par le gouvernement, la grande propriété ne serait plus représentée à l'avenir dans la chambre des députés, qu'il en résulterait perturbation dans l'ordre social et qu'on ôterait à l'homme un des élémens les plus puissans pour stimuler son émulation; je vais maintenant indiquer la base que je crois raisonnable et juste.

J'adopte, avec le gouvernement, les capacités qu'il a reconnues pour établir l'électorat; j'ai toujours pensé que le nombre des électeurs, vu la population actuelle de la France, était insuffisant; qu'il était injuste de n'y avoir pas appelé dans le principe les hommes qui par leurs lumières pouvaient être les plus capables d'éclairer leurs concitoyens, et que le moment était venu de réparer cette grande injustice; je crois donc que le nombre des électeurs doit être doublé ainsi que le gouvernement l'a proposé, c'est-à-dire qu'au lieu de 85 à 90 mille, il doit être porté à 170 ou à 180 mille; que tous ceux qui font partie de la deuxième liste du jury et qui ne seront point électeurs en raison de leurs impôts concourent à former ce doublement ainsi que tous les hommes éclairés et qui ont rendu des services essentiels au pays, tels que les juges des tribunaux civils et de commerce, les anciens employés supérieurs retraités, etc., etc.; comme il ne s'en trouverait pas dans chaque département un nombre assez grand pour égaler celui des électeurs inscrits sur la dernière liste, l'excédant serait pris parmi les plus imposés au-dessous de 300 fr. ce qui ferait baisser le cens dans certains départemens à 250 fr., dans d'autres à 200 et au-dessous. Cette bâse me paraît suffisante pour satisfaire [toutes les prétentions et les besoins réels du pays.

On a pensé qu'il vaudrait mieux que le cens fut déterminé; je suis de cet avis, parce que le connaissant, ce sera un stimulant pour ceux qui ambitionneront l'honneur d'être électeur. Il me paraît facile de le fixer et de le rendre relatif pour chaque département, ce qui sera plus avantageux et plus juste qu'un cens absolu pour toute la France. Il suffirait de dire dans la loi que le nombre des électeurs serait doublé et que la cote de celui qui finirait ce doublement dans chaque département, serait celle qui clôrait la bâse électorale pour l'avenir.

On a observé, avec raison, qu'en augmentant le

nombre des électeurs on augmentait celui des jurés; je demanderai maintenant s'il n'y aurait pas de graves inconvéniens à introduire dans le jury des hommes sans connaissances, sans discernement et incapables d'apprécier les hautes fonctions qu'ils sont appelés à remplir. Je conçois que placés au milieu de deux cents électeurs (minimum proposé pour les plus petits colléges) ces hommes y soient innocens; mais en sera-t-il ainsi dans un jury? non certes, puisque cette voix peut amener la perte d'un individu ou d'une famille; ainsi sous ce double rapport je pense qu'il y aurait de très-graves inconvéniens à descendre le cens aussi bas qu'on le propose dans la loi.

Si on adoptait ma proposition, la combinaison qu'on y a introduite pour augmenter le nombre des électeurs riches, en déléguant une portion des contributions du père à ses fils, disparaîtrait de la loi, on y conserverait seulement la délégation faite par les veuves, mais à un seul; on pourrait aussi l'autoriser pour le père à l'un de ses fils, mais à son exclusion, et dans le cas d'infirmités ou d'empêchement.

Nous sommes arrivés à une époque où il faut à la nation des lois sages et justes, égales pour tous et ou on ne trouve plus, ni cet esprit aristocratique, ni cet esprit populaire qu'on a malheureusement remarqué trop souvent à différens tems de notre révolution.

Je trouve dans cette loi une lacune que j'aimerais à voir remplir. Le même oubli existe dans le projet de loi municipale.

Il ne reste aucun doute aujourd'hui sur l'influence heureuse que l'instruction exerce parmi les peuples, et sur les avantages qu'en retire la société : comment la nouvelle loi n'a-t-elle pas imposé l'obligation à l'homme qui aura atteint sa 25 année de savoir lire et écrire pour être électeur ? ainsi je desirerais qu'on mît dans la loi qu'en 1835, ceux qui auront atteint leur 25ᵉ année et qui paieront le cens nécessaire pour être électeur devront savoir lire et écrire; je desirerais également qu'à la même époque on ne pût être membre d'un conseil municipal, qu'autant qu'on saurait lire et écrire. Cette mesure serait infaillible pour propager l'instruction parmi le peuple dans les campagnes.

Tu apprécieras, mon ami, les motifs sur lesquels je fonde mon opinion; dans les lettres que je publiai en 1829, je plaidais les intérêts du peuple, je demandais qu'on étendît les bâses pour les nominations (1); aujour-

---

(1) Je ne la trouvais pas assez large, puisque 37,367 communes n'auraient eu que trente habitans pour nommer leur maire et leur conseil municipal.

D'après le dire du ministre, toutes les communes de France au-dessus de 300 habitans forment ce nombre dont le terme moyen de la population est de 852, ce qui donnait pour chacune 36 votans. Comme le nombre des communes au-dessous de 300 habitans est au moins égal à celui des communes audessus de 3,000 âmes, j'en conclus, par approximation, que le terme moyen de la population dans les communes rurales où les familles sont plus nombreuses,

d'hui c'est pour la grande propriété que je demande qu'on les restreigne parce que je veux l'équité, la justice et non l'arbitraire ou la vengeance.

Je passe à l'éligibilité.

Je ne partage point l'opinion du gouvernement sur la diminution du cens pour être élu député, ni sur ses combinaisons pour augmenter le nombre des éligibles, encore moins celle des hommes qui n'en veulent aucun. Je conçois cependant qu'étendant la base de l'électorat, il est juste d'étendre aussi celle de l'éligibilité; je fixerai donc le cens à 750 fr. en le modifiant pour les départemens où il y a peu de grandes fortunes, ainsi que cela avait lieu par le passé.

Lorsque la charte fut publiée, je trouvai qu'on avait eu tort de faire descendre à 30 ans l'âge où on peut être

s'élève à 450 ou 500 habitans, ce qui suppose environ cent familles; or, en en déduisant le tiers, on voit qu'il ne reste guère que 60 ou 70 habitans ayant le droit de voter : j'avais donc proposé, pour base, de prendre les deux tiers, la moitié, etc. des plus imposés de chaque commune, en modifiant cette base selon la population. Elle me paraît la plus équitable de toutes, puisqu'elle s'applique indistinctement avec le même avantage aux communes pauvres comme aux communes riches; tandis qu'un cens absolu et déterminé donnera plus de votans dans tel pays que dans tel autre, suivant la richesse du sol et l'industrie des habitans. Tous les membres de la chambre de 1829 ont eu un exemplaire de cette lettre; je les invite à la relire, ils pourront y puiser quelques données utiles au pays.

nommé député, puisqu'on diminuait de deux ans la durée de leurs fonctions; il me semble qu'il eût été plus rationel de ne le descendre qu'à 35. Voici mes raisons :

Celui qui brigue l'honneur d'aller représenter son pays et de contribuer à la confection des lois, doit avoir donné des garanties suffisantes sous le rapport des lumières, de la moralité, de la sagesse et du caractère ; il doit déjà être jugé par ses actes et non par ses discours ou ses promesses, ainsi que nous le faisons trop souvent.

On observa alors à ceux qui partageaient mon opinion, qu'à trente ans l'homme ne faisait que commencer sa carrière et sa fortune et que, dès-lors, peu de personnes à cet âge réuniraient le cens et les qualités nécessaires pour être député; ainsi, les partisans de ce système pensaient déjà que le cens pouvait être un obstacle salutaire pour éloigner une foule d'intrigans et d'ambitieux de ces fonctions honorables. La chambre leur fit cette concession, aujourd'hui qu'ils l'ont obtenue, ils veulent renverser ces obstacles : voyons si cela est rationel et juste, je ne le pense pas, je suis même convaincu que si la chambre avait cette condescendance, que je regarderais comme une faiblesse, le pays serait à l'avenir dans une agitation perpétuelle et le gouvernement continuellement tourmenté, harcelé par les exigeances de ces hommes entreprenans.

Il suffit, pour s'en convaincre, d'apprécier et de juger ce qu'est l'homme à 30 ans. Je ferai exception de quelques cas particuliers qui se rencontrent trop rarement pour faire une règle.

A 30 ans, l'homme est à peine fixé sur la carrière qu'il devra parcourir, ou il ne fait qu'y entrer, son jugement est à peine formé, il a acquis peu d'expérience, les questions difficiles l'embarrassent encore, s'il est prudent et modeste, il se fait un devoir de consulter ceux qui ont plus d'expérience que lui, s'il est téméraire et présomptueux, il les traitera seul, dût-il mal faire.

Cet âge est celui où les passions se développent avec le plus de force, où les impressions sont les plus vives et les plus tenaces, où l'ambition et les besoins sont les plus grands. Je demande quelle garantie l'homme peut donner à cet âge. Il aura peut être publié quelques ouvrages qui l'auront fait connaître d'une manière avantageuse; mais les connaissances seules sont-elles suffisantes pour faire un bon député, ne faut-il pas encore avoir de la probité, de la fermeté, de la moralité et de l'aisance, puisqu'on ne les paie pas? Si j'avais eu l'honneur d'être membre de la chambre, voilà les motifs que j'aurais fait valoir pour porter l'âge à 35 ans; la charte a parlé, nous devons obéir, essayons, au moins, qu'on fasse de bons choix.

Je conviens que de 30 à 35 ans, il peut se trouver quelques sujets capables de faire de bons députés; mais sur un ou deux qui se rencontreront, on trouvera cent intrigans ou ambitieux qui brigueront ces places; il est donc urgent d'établir une barrière ou des obstacles salutaires pour empêcher ces derniers de réussir et les faire reconnaître; le plus grand selon moi est le cens pour être élu.

L'homme de 30 ans qui a de grandes connaissances, joindra les qualités sociales et morales qui constituent l'honnête homme, s'il n'a pas le cens par lui-même pour être élu député, il le trouvera facilement dans les alliances qu'il fera.

Nous ne sommes plus au tems ou les vieux parchemins étaient préférés au mérite et aux vertus sociales; aujourd'hui les lumières et la civilisation ont fait trop de progrès parmi nous pour ne les pas apprécier à leur juste valeur; ainsi l'alliance qu'aura faite l'homme de 30 à 35 ans, en lui donnant le cens nécessaire pour être élu sera une garantie de plus pour le pays, parce que l'intrigant peut en ! imposer au public, qui est presque toujours disposé à prendre les apparences pour des réalités; mais il ne réussira jamais à tromper une famille éclairée et prévoyante qui tiendra à honneur de s'allier à un sujet honnête et instruit.

D'ailleurs l'expérience de tous les tems démontre que le vrai mérite, toujours modeste, ne se met jamais en évidence, qu'il faut l'aller chercher dans sa retraite, et qu'il ne sut jamais intriguer; tandis que tous les moyens pour arriver à son but sont favorables à l'intrigant; celui-ci promettra tout ce qu'on exigera de lui, et fera toutes les professions de foi qui serviront le mieux ses intérêts etc. J'ai dit que c'est à cet âge que les passions sont plus fortes et les besoins plus grands, alors comment celui qui se trouvera dans une position aussi élevée pourra-t-il y satisfaire, s'il est sans fortune? ne sera-t-il pas exposé à vendre son suffrage, admettons qu'il ne le fasse pas, ne devra-t-on pas le craindre?

Il est facile, me dira-t-on, de remédier à cet inconvénient en donnant un traitement aux députés. Pourquoi charger l'État d'une nouvelle dette de plusieurs millions, quand on peut mieux faire sans qu'il en coûte? Si l'on payait les députés, ce serait augmenter le nombre des ambitieux et des intrigans, même en conservant le cens indiqué dans le projet de loi.

J'ai dit qu'à trente ans l'homme est à peine fixé sur la carrière qu'il parcourra : le père, qui aurait de la fortune et un certain crédit dans le pays, chercherait à faire ses fils députés, dans l'espoir de leur obtenir, par la suite, des emplois lucratifs du Gouvernement. Voilà où nous conduirait un pareil système, si la sagesse et la prévoyance ne nous y faisaient renoncer.

Il est reçu en principe que le passé ne sert aux hommes d'Etat que pour y puiser des leçons; que le présent et l'avenir sont leurs seules boussoles. Consultons donc notre propre expérience, et examinons ce qui s'est passé autrefois dans nos assemblées populaires; soyons assez sages pour profiter de nos fautes et pour éviter de revenir à ces tems déplorables où on voudrait nous ramener.

A cette époque il y avait, comme aujourd'hui, des opinions différentes qui se heurtaient; on avait peine à s'entendre; deux partis distincts se formaient dans ces assemblées; chacun présentait son candidat, qui était aussitôt rejeté par le parti opposé. Las de disputer et de ne pouvoir s'entendre, quelqu'un finissait par présenter un homme nul qui était adopté par tous sans examen. Voilà où conduisent les passions. Ce fut ainsi qu'on envoya pour député de notre département, dans ces tems calamiteux, un bon laboureur, qui eût été mieux placé à sa charrue que dans une assemblée délibérante.

On m'objectera que nous sommes trop avancés aujourd'hui en révolution pour craindre le retour d'aussi graves inconvéniens, et que pareille chose ne pourra plus arriver à l'avenir. Je citerai à ceux qui ont des doutes à cet égard ce qui vient de se passer dans notre canton lors de la nomination des officiers supérieurs de notre garde nationale.

On était convenu, avant les nominations, dans l'intérêt de la chose publique, des personnes qu'on designerait pour chaque grade. Les communes étant plus nombreuses devaient avoir le chef de bataillon, et le chef-lieu de canton le sous-chef; la place de major était réservée à un officier retiré dont le zèle et l'amour du pays lui aurait fait accepter avec plaisir ce grade. D'après cet arrangement, les nominations devaient être faites à la presque unanimité; quelques officiers ou sous-officiers du chef-lieu, voulant avoir le chef de bataillon, donnèrent leurs voix à l'officier de leur commune qui avait été désigné pour être sous-chef; cette conduite irrita les jeunes gens des autres communes, et ils se proposèrent aussitôt d'ôter le sous-chef au chef-lieu de canton. Voici les moyens qu'ils employèrent : comme il y avait beaucoup de sous-officiers qui ne savaient pas ou à peine écrire, ils firent, hors du bureau, des billets sur lesquels était le nom de celui qu'ils voulaient faire nommer; ils distribuèrent clandestinement dans l'assemblée ces billets à tous ceux qu'ils connaissaient ne savoir pas ou peu écrire, en leur disant, tantôt un nom, tantôt un autre, selon le désir qu'ils avaient de nommer, quoique ce fût le même nom sur tous les billets qu'ils distribuaient. Ils réussirent par cette fraude dans leur projet, et le chef-lieu n'eut pas le sous-chef de bataillon.

Ce résultat nous surprit, et nous cherchâmes à en connaître la cause. Plusieurs de ceux qui avaient reçu de ces billets s'étant aperçu de la fraude, votèrent suivant leur conscience; les ayant conservés, ils nous les montrèrent, et nous déclarèrent de quelle manière ils les avaient reçus. Il y eut, à ce sujet, beaucoup de bruit, scission, le chef-lieu et quelques communes voisines se retirèrent; on n'en continua pas moins l'opération, parce qu'il était tard, et qu'on voulait en finir. Je suis convaincu que si on adoptait la base proposée par le Gouvernement, nous verrions dans quelques années ces intrigues se renouveler et produire les mêmes résultats. Soyons donc sages, et prévenons de pareils malheurs.

Le projet de loi traite avec beaucoup de soins et de détails tout ce qui a rapport au domicile politique et à la formation des listes électorales; il ne laisse rien à désirer à cet égard. Quelques personnes auraient voulu qu'on eût introduit dans la loi une pénalité contre ceux qui refuseraient d'inscrire les titres des citoyens qui désirent être portés sur la liste, je ne le pense pas, je crois que l'intervention des tiers suffit.

On a vu, l'an dernier, que malgré toutes les chicanes faites par l'administration, ceux qui devaient être électeurs ont fini par jouir de leurs droits, s'ils l'ont voulu. Aujourd'hui que la charte doit être une vérité, nous n'avons plus à craindre ces chicanes qui font toujours la honte de ceux qui les cherchent.

On aurait aussi désiré que la population et non le territoire eût été représentée. Pour arriver à ce but il aurait fallu morceler certains arrondissemens, ce qui aurait eu des inconvéniens graves : ainsi l'arrondissement d'Auxerre, par exemple, qui a 110,000 habitans, aurait cédé la population de plusieurs cantons à ceux d'Avallon et de Tonnerre qui sont limitrophes et n'ont chacun que 45,000 âmes; cependant toutes les relations de ces habitans sont avec Auxerre; ainsi, ils auraient pu contribuer à nommer un député qui eût été opposé à leur intérêt, si l'arrondissement d'Auxerre avait eu à la Chambre quelque chose à démêler avec celui auquel on les avait adjoints.

Les députés ne devant traiter que d'intérêts généraux; peu importe que tel arrondissement d'un département ait quelques mille âmes de plus qu'un autre; mais ce qui est de la plus grande importance, c'est que la population de chaque département, et non le territoire, soit exactement représentée à la Chambre, et, sous ce rapport, la loi satisfera tout le monde (1)

La base par arrondissement proposée par le Gouvernement pour nommer les députés est-elle meilleure que celle qui existait précédemment? Je le crois, parce que les électeurs étant plus près du lieu de la réunion, s'y rendront en plus grand nombre. Le seul défaut que je lui trouve, est qu'elle donne trop de députés : 460 députés s'entendront difficilement; la salle des séances sera souvent une arène où celui qui criera le plus fort aura raison. Ne gémit-on pas quelquefois du tumulte qui y règne, quoique leur nombre soit le plus ordinairement à peine de moitié? Que serait-ce donc, grand Dieu! si on nommait un député par 50,000 habitans, ainsi qu'on l'a demandé? Avec notre vivacité, notre caractère léger, et, dois-je le dire? notre peu d'esprit national, qui n'a pas encore jeté de profondes racines parmi nous, ainsi qu'on peut en juger par nos divisions dans la crise où la France se trouve, s'il était ce

---

(1) Cette différence est un caractère distinctif de la loi électorale avec la loi départementale. Dans cette dernière il est très-essentiel que la population et non le territoire de chaque arrondissement soit représentée au conseil général, parce que c'est là où se discute les intérêts de chaque arrondissement. Aussi ai-je beaucoup insisté sur ce point dans le Mémoire que je publiai sur ce sujet en 1828. Le ministère a approuvé mes idées, en les adoptant dans la loi qu'il a présentée en 1829 (*Voir le mémoire cité*).

qu'on le verra dans peu, nous n'aurions qu'une volonté, celle de nous unir fortement au Gouvernement et de le seconder de tous nos efforts; tandis qu'on cherche à l'entraver continuellement dans sa marche et à lui créer de nouveaux embarras tout en faisant de très-belles professions de foi, ainsi que je le démontrerai plus tard; voilà, mon ami, le rôle que jouent les hommes qui ont été trompés dans leurs projets. Que la France serait tranquille et heureuse si le Gouvernement pouvait satisfaire toutes les ambitions (1)!

Tel est, mon cher ami, mon avis sur la loi électorale qui vient d'être présentée à la chambre des Députés; cette loi est la plus vitale, si je puis m'exprimer ainsi, du gouvernement constitutionnel, elle est donc digne de fixer toute votre attention, de provoquer vos méditations les plus profondes, puisque d'elle dépendra, pour l'avenir, le repos, la stabilité et le bonheur de la France.

Les 221, si justement admirés dans un tems où ils formèrent une barrière insurmontable au despotisme, ont acquis de nouveaux droits à notre estime et à notre reconnaissance en rejetant une loi qui, en affranchis-

---

(1) Tout homme sensé conçoit la position difficile où doit se trouver le gouvernement, ayant plusieurs armées à créer, des places fortes à armer et à approvisionner, un million de gardes nationaux à armer, etc., on conçoit, dis-je, que dans cette situation, il ait besoin de toutes ses ressources. Qui a voulu les lui ôter? qui a demandé la diminution de l'impôt sur le sel, les vins, les journaux, etc.

sant la presse périodique d'entraves salutaires, eût ouvert un vaste champ à la licence et nous eût conduit promptement à l'anarchie. Mais le plus grand service que la France attende d'eux et qu'ils puissent rendre au pays, est de le doter d'une bonne loi électorale; pour cela, il leur suffira de consulter leurs consciences qui seront toujours d'accord avec les intérêts de la nation, sans s'occuper des criailleries de tous ces hommes cupides qui ne rêvent que places et se donnent pour les organes des opinions de la France; qu'ils ne les écoutent pas, s'ils donnaient au pays une loi telle qu'ils la désirent; aussitôt qu'elle serait rendue, vous les verriez demander la dissolution de cette chambre, dans l'espoir qu'une nouvelle délivrerait la presse périodique des charges que la loi lui impose, charges qui à mon avis sont justes, puisqu'elles ne pèsent que sur le riche qui lit les journaux, et que cet impôt est volontaire.

Les insensés, peuvent-ils ignorer le mal qu'ils font au pays et que leurs partisans les plus ardens sont aujourd'hui les carlistes qui se proposent de servir la république pour nous ramener le roi déchu! Voilà le résultat de leur exaltation. Qu'ils réfléchissent donc au mandat dont on les a chargés, et qu'ils l'exécutent franchement et loyalement, puisque c'est le moyen de réunir tous les membres de la grande famille.

Agrée, etc.

Auxerre, Imp. de ED. PERRIQUET. — Janvier 1831.